Impressum
Verlag: BABADADA GmbH, Nedderfeld 112 , 22529 Hamburg
Geschäftsführer / Verlagsleitung: Harald Hof
Druck: Books on Demand GmbH, In de Tarpen 42, 22848 Norderstedt

Imprint
Publisher: BABADADA GmbH, Nedderfeld 112 , 22529 Hamburg, Germany
Managing Director / Publishing direction: Harald Hof
Print: Books on Demand GmbH, In de Tarpen 42, 22848 Norderstedt

学校
el colegio

割り算
dividir

186/2

黒板
el pizarrón

教室
el aula

校庭
el patio de la escuela

教師
el maestro

紙
el papel

書く
escribir

ペン
la birome

事務机
el escritorio

定規
la regla

本
el libro

生徒
el alumno

ランドセル
la mochila

筆入れ
la caja de lápices

鉛筆
el lápiz

鉛筆削り
el sacapuntas

消しゴム
la goma (de borrar)

スケッチブック
el bloc de dibujo

スケッチ
el dibujo

絵筆
el pincel

絵の具箱
la caja de pinturas

はさみ
la tijera

接着剤
el pegamento

練習帳
el cuaderno de ejercicios

宿題
la tarea

12

数
el número

2+2

足し算
sumar

5-2

引き算
restar

2×2

かけ算
multiplicar

計算する
calcular

A

文字
la letra

ABCDEFG
HIJKLMN
OPQRSTU
VWXYZ

アルファベット
el abecedario

hello

単語
la palabra

テキスト

el texto

読む

leer

チョーク

la tiza

授業

la lección

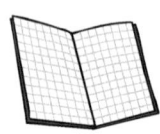

学級日誌

el cuaderno de clase

試験

el examen

通知表

el certificado

制服

el uniforme escolar

教育

la educación

百科事典

la enciclopedia

大学

la universidad

顕微鏡

el microscopio

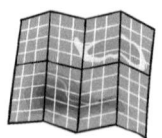

地図

el mapa

ごみ箱

el tacho (de basura)

旅行

el viaje

ホテル
el hotel
Grand
ホステル
el hostel
ROOMS
両替所
la casa de cambio
EXCHANGE
スーツケース
la valija
自動車
el auto

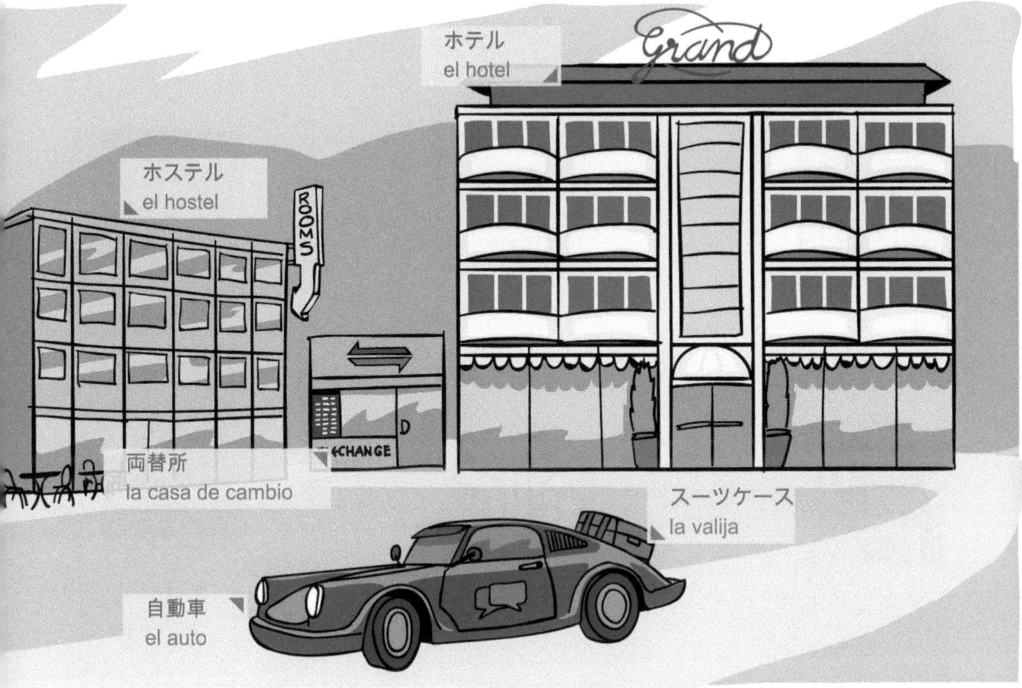

言語

el idioma

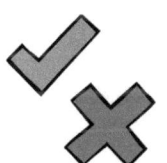

はい / いいえ

sí / no

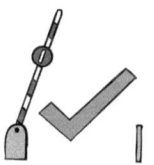

問題ない

Está bien

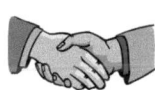

ハロー

hola

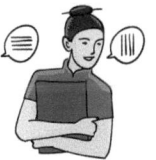

翻訳者

el traductor

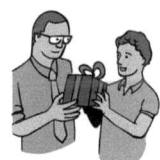

ありがとう

Gracias

…はいくらですか？

¿cuánto cuesta…?

わかりません

No entiendo

問題

el problema

こんばんは！

¡Buenas tardes!

おはようございます！

¡Buenos días!

おやすみなさい！

¡Buenas noches!

さようなら

el adiós

方向

la dirección

手荷物

el equipaje

バッグ

el bolso

リュックサック

la mochila

お客様

el invitado

部屋

la habitación

寝袋

la bolsa de dormir

テント

la carpa

旅行者情報

la información turística

ビーチ

la playa

クレジットカード

la tarjeta de crédito

朝食

el desayuno

昼食

el almuerzo

夕食

la cena

チケット

el pasaje

エレベーター

el ascensor

スタンプ

el sello

境界

la frontera

税関

la aduana

大使館

la embajada

ビザ

la visa

パスポート

el pasaporte

輸送

el transporte

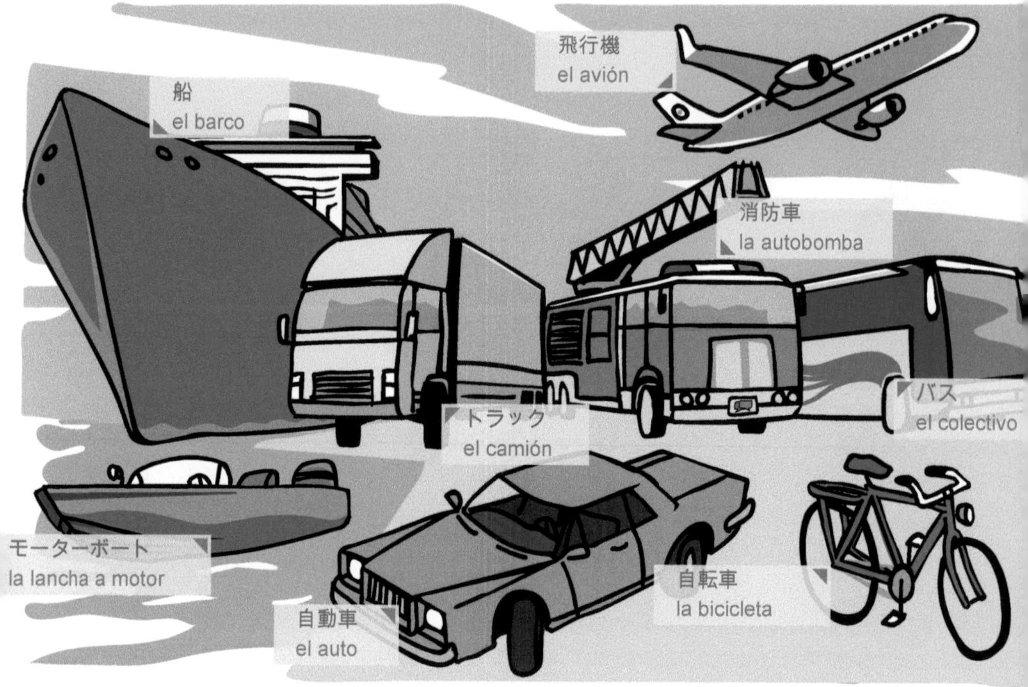
飛行機
el avión
船
el barco
消防車
la autobomba
バス
el colectivo
トラック
el camión
モーターボート
la lancha a motor
自転車
la bicicleta
自動車
el auto

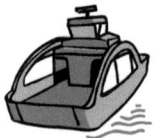

フェリー
el ferry

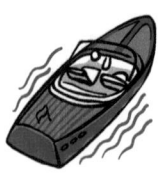

ボート
el bote

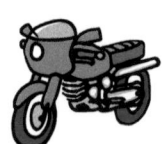

バイク
la moto

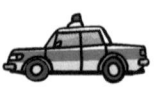

パトカー
el patrullero

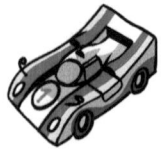

レーシングカー
el auto de carreras

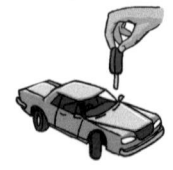

レンタカー
el auto de alquiler

カーシェアリング

el alquiler de autos

レッカー車

la grúa

ごみ収集車

el camión de la basura

モーター

el motor

燃料

la nafta

ガソリンスタンド

la estación de servicio

交通標識

la señal de tránsito

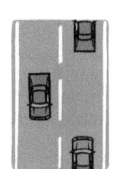

交通

el tránsito

渋滞

el embotellamiento

駐車場

el estacionamiento

駅

la estación de tren

道

las vías

列車

el tren

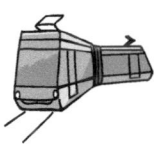

路面電車

el tranvía

車両

el vagón

ヘリコプター
el helicóptero

空港
el aeropuerto

タワー
la torre

乗客
el pasajero

コンテナ
el contenedor

段ボール箱
la caja de cartón

カート
la carretilla

カゴ
la canasta

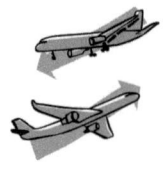

離陸 / 着陸
despegar / aterrizar

都市
la ciudad

村
el pueblo

都心
el centro de la ciudad

家
la casa

映画館
el cine

宣伝
la publicidad

街灯
el farol

通り
la calle

タクシー
el taxi

キオスク
el kiosco

歩行者
el peatón

CINEMA

舗道
la vereda

横断歩道
el paso peatonal

ゴミ箱
el contenedor de basura

交差点
el cruce

信号
el semáforo

小屋
la cabaña

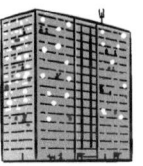

アパート
el departamento

駅
la estación de tren

市役所
la municipalidad

美術館
el museo

学校
el colegio

大学

la universidad

銀行

el banco

病院

el hospital

ホテル

el hotel

薬局

la farmacia

オフィス

la oficina

書店

la librería

ショップ

el negocio

花屋

la florería

スーパーマーケット

el supermercado

市場

el mercado

デパート

las grandes tiendas

魚屋

la pescadería

ショッピングセンター

el centro comercial

港

el puerto

公園

el parque

ベンチ

el banco

橋

el puente

階段

las escaleras

地下鉄

el subte

トンネル

el túnel

バス停

la parada del colectivo

バー

el bar

レストラン

el restaurante

ポスト

el buzón

道路標識

el letrero

パーキングメーター

el parquímetro

動物園

el zoológico

スイミングプール

la pileta

モスク

la mezquita

農場

la granja

汚染

la contaminación

墓地

el cementerio

教会

la iglesia

遊び場

los juegos infantiles

寺

el templo

風景

el paisaje

葉
la hoja

道標
el poste indicador

道
el camino

草地
la pradera

石
la piedra

木
el árbol

ハイカー
el excursionista

川
el río

草
la hierba

花
la flor

谷
....
el valle

山
....
la montaña

湖
....
el lago

森
....
el bosque

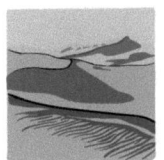

砂漠
....
el desierto

火山
....
el volcán

城
....
el castillo

虹
....
el arco iris

キノコ
....
el champiñón

ヤシの木
....
la palmera

蚊
....
el mosquito

ハエ
....
la mosca

蟻
....
la hormiga

ミツバチ
....
la abeja

クモ
....
la araña

カブトムシ

el escarabajo

蛙

la rana

リス

la ardilla

ハリネズミ

el erizo

ウサギ

la liebre

フクロウ

la lechuza

鳥

el pájaro

白鳥

el cisne

雄豚

el jabalí

鹿

el ciervo

ヘラジカ

el alce

ダム

la presa

風力タービン

el aerogenerador

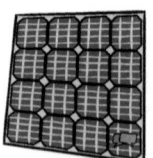

ソーラーパネル

el panel solar

気候

el clima

レストラン
el restaurante

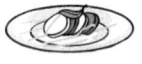

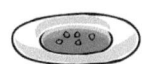

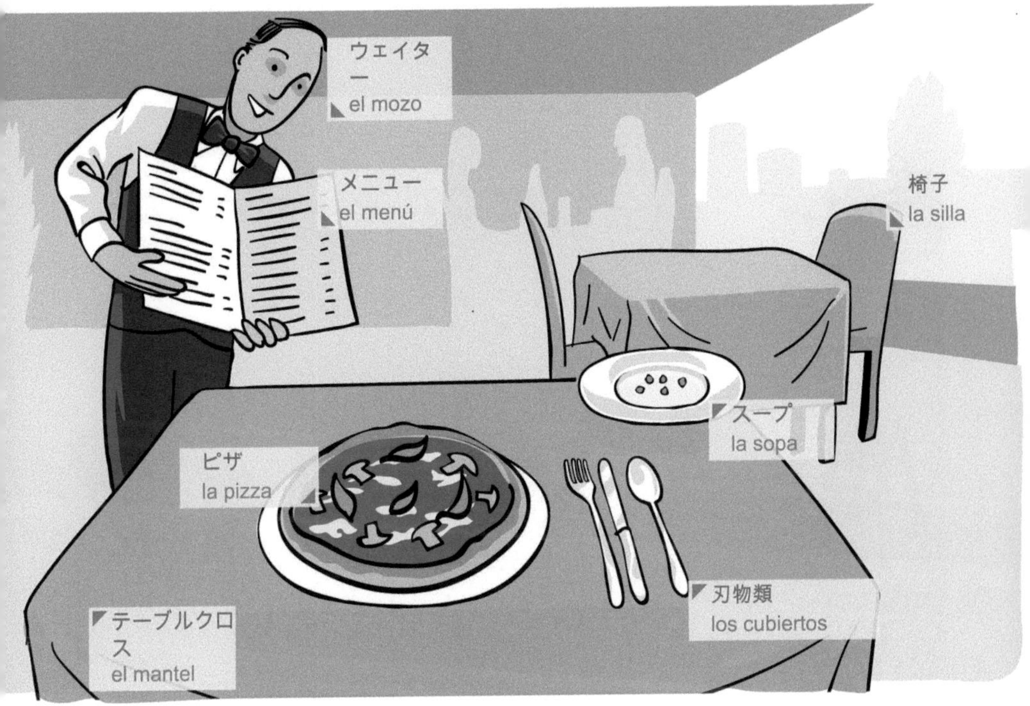
ウェイター
el mozo
メニュー
el menú
椅子
la silla
スープ
la sopa
ピザ
la pizza
刃物類
los cubiertos
テーブルクロス
el mantel

前菜
la entrada

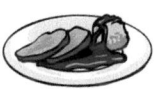

メインコース
el plato principal

デザート
el postre

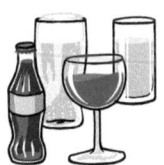

飲み物
las bebidas

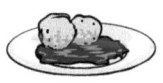

食べ物
la comida

ボトル
la botella

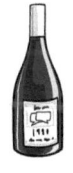

ファストフード

la comida rápida

屋台の食べ物

la comida callejera

ティーポット

la tetera

砂糖入れ

la azucarera

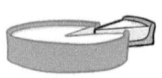

一人前

la porción

エスプレッソマシン

la cafetera expreso

幼児用食事椅子

la sillita alta

請求書

la cuenta

トレー

la bandeja

ナイフ

el cuchillo

フォーク

el tenedor

スプーン

la cuchara

ティースプーン

la cucharita

ナプキン

la servilleta

グラス

el vaso

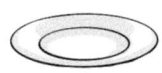

皿
el plato

スープ皿
el plato hondo

受け皿
el plato

ソース
la salsa

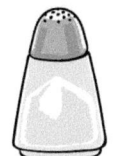

塩入れ
el salero

ペッパーミル
el molinillo de pimienta

酢
el vinagre

油
el aceite

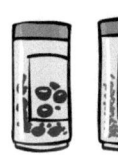

スパイス
las especias

ケチャップ
el kétchup

マスタード
la mostaza

マヨネーズ
la mayonesa

スーパーマーケット
el supermercado

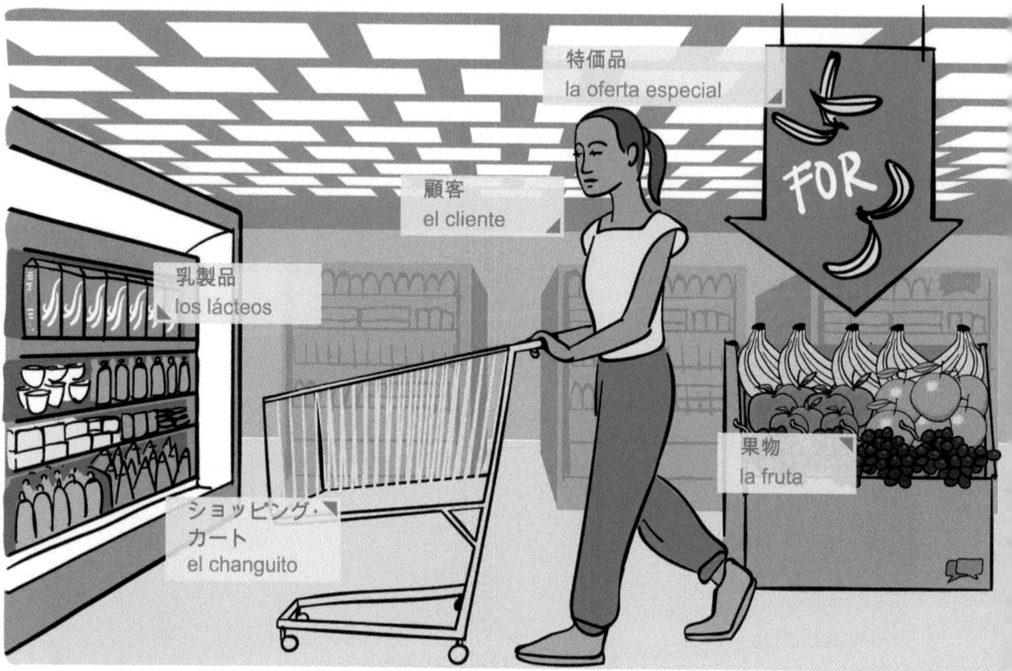

特価品
la oferta especial
FOR
顧客
el cliente
乳製品
los lácteos
果物
la fruta
ショッピング・カート
el changuito

BUTCHERS

肉屋
la carnicería

BAKERY

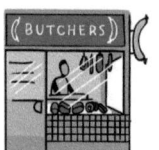

パン屋
la panadería

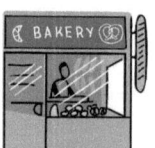

重さをはかる
pesar

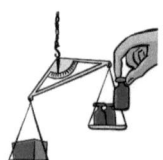

野菜
las verduras

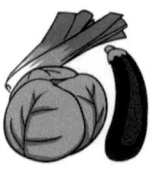

肉
la carne

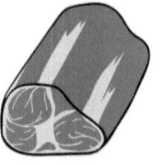

冷凍食品
los alimentos congelados

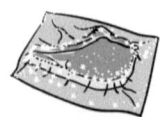

冷肉の薄切り

los fiambres

缶詰食品

los alimentos enlatados

洗剤

el detergente en polvo

菓子

las golosinas

家庭用品

los electrodomésticos

清掃用品

los productos de limpieza

販売員

la vendedora

現金箱

la caja

レジ係

el cajero

買い物リスト

la lista de compras

開館時刻

el horario de atención

財布

la billetera

クレジットカード

la tarjeta de crédito

バッグ

la cartera

ポリ袋

la bolsa de plástico

水

el agua

ジュース

el jugo

牛乳

la leche

コーラ

la bebida cola

ワイン

el vino

ビール

la cerveza

アルコール

el alcohol

ココア

el cacao

紅茶

el té

コーヒー

el café

エスプレッソ

el café expreso

カプチーノ

el cappuccino

バナナ

la banana

リンゴ

la manzana

オレンジ

la naranja

メロン

el melón

レモン

el limón

ニンジン

la zanahoria

ニンニク

el ajo

竹

el bambú

玉ねぎ

la cebolla

キノコ

el champiñón

ナッツ

las nueces

ヌードル

los fideos

スパゲッティ

los tallarines

米

el arroz

サラダ

la ensalada

フライドポテト

las papas fritas

フライドポテト

las papas fritas

ピザ

la pizza

ハンバーガー

la hamburguesa

サンドウィッチ

el sándwich

カツレツ

el churrasco

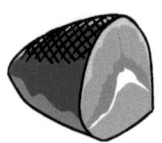

ハム

el jamón

サラミ

el salame

ソーセージ

la salchicha

鶏肉

el pollo

焼き

el asado

魚

el pescado

麦のお粥

los copos de avena

ムーズリ

el muesli

コーンフレーク

los copos de maíz

小麦粉

la harina

クロワッサン

la medialuna

ロールパン

el pancito

パン

el pan

トースト

la tostada

ビスケット

las galletitas

バター

la manteca

カッテージチーズ

la cuajada

ケーキ

la torta

卵

el huevo

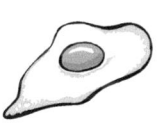

目玉焼き

el huevo frito

チーズ

el queso

アイスクリーム

el helado

砂糖

el azúcar

はちみつ

la miel

ジャム

la mermelada

ヌガークリーム

la pasta de chocolate

カレー

el curry

農場

la granja

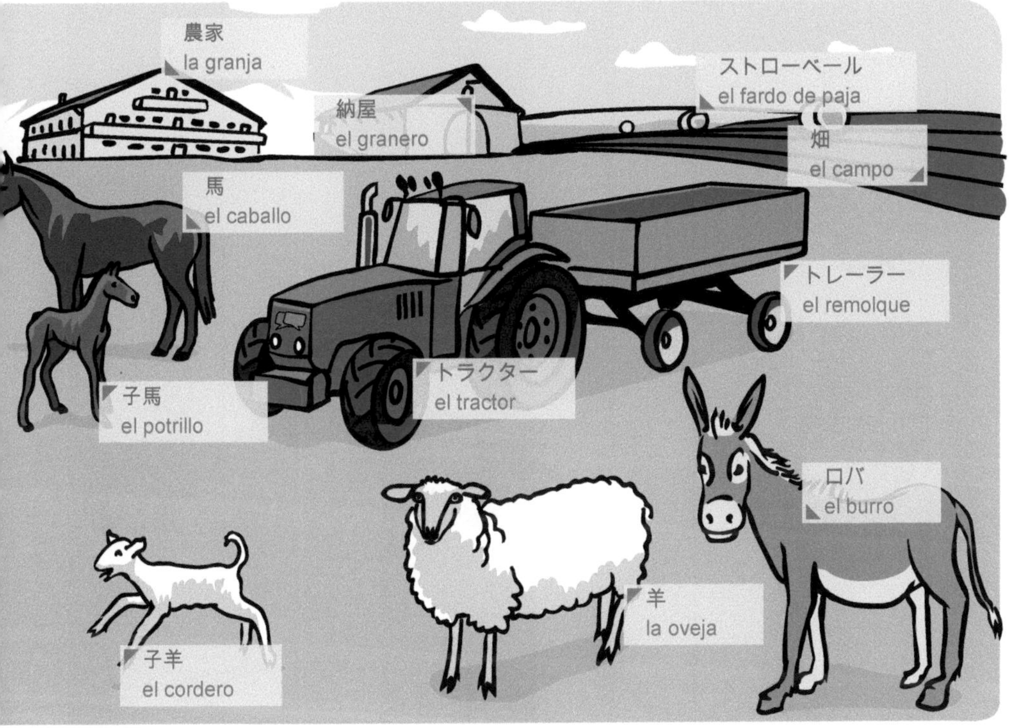

農家
la granja
納屋
el granero
ストローベール
el fardo de paja
畑
el campo
馬
el caballo
トレーラー
el remolque
トラクター
el tractor
子馬
el potrillo
ロバ
el burro
羊
la oveja
子羊
el cordero

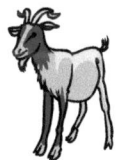

ヤギ

la cabra

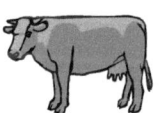

雌牛

la vaca

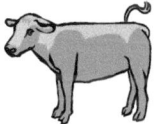

子牛

el ternero

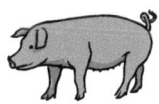

豚

el cerdo

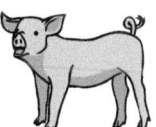

子豚

el lechón

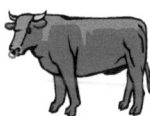

雄牛

el toro

ガチョウ

el ganso

アヒル

el pato

ひよこ

el pollo

にわとり

la gallina

おんどり

el gallo

ネズミ

la rata

猫

el gato

ねずみ

el ratón

雄牛

el buey

犬

el perro

犬小屋

la cucha

散水ホース

la manguera

じょうろ

la regadera

大鎌

la guadaña

すき

el arado

草刈り鎌

la hoz

くわ

la azada

堆肥用フォーク

la horquilla

斧

el hacha

手押し車

la carretilla

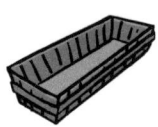

かいばおけ

el abrevadero

牛乳缶

la lechera

袋

la bolsa

フェンス

la reja

畜舎

el establo

温室

el invernadero

土壌

el suelo

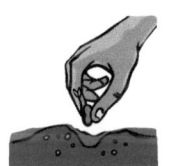

種

la semilla

肥料

el fertilizador

コンバイン

la cosechadora

農場 - la granja

収穫する

cosechar

収穫

la cosecha

ヤマイモ

las batatas

小麦

el trigo

大豆

la soja

じゃがいも

la papa

トウモロコシ

el maíz

菜種

la semilla de colza

果樹

el árbol frutal

キャッサバ

la mandioca

穀物

los cereales

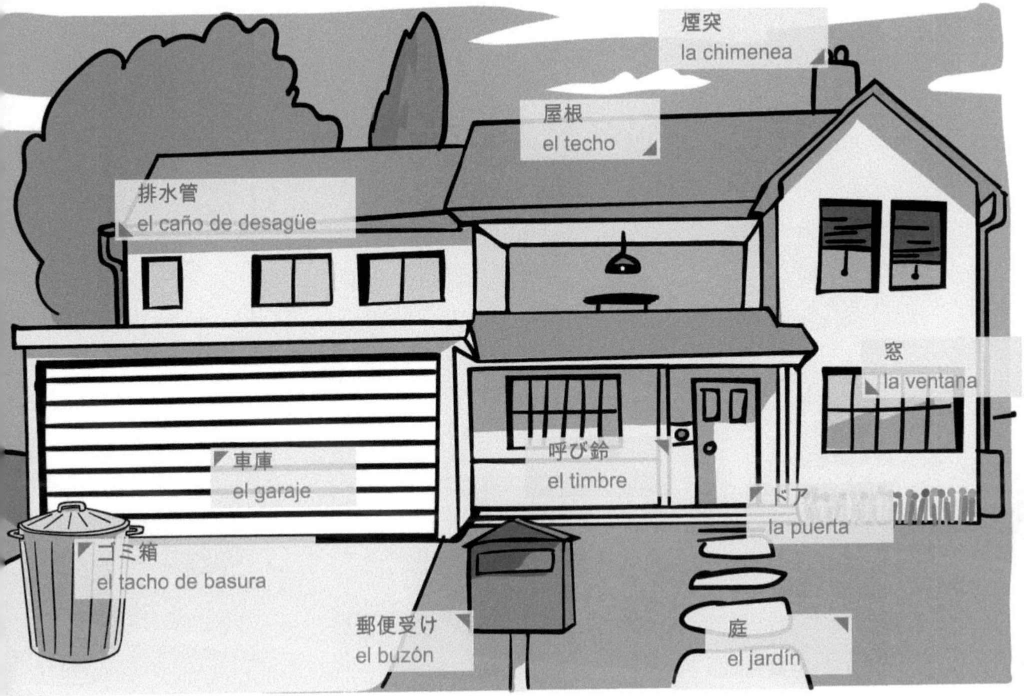

煙突
la chimenea

屋根
el techo

排水管
el caño de desagüe

窓
la ventana

車庫
el garaje

呼び鈴
el timbre

ドア
la puerta

ゴミ箱
el tacho de basura

郵便受け
el buzón

庭
el jardín

リビングルーム
el living

浴室
el baño

台所
la cocina

寝室
el dormitorio

子供部屋
el cuarto de los chicos

ダイニング・ルーム
el comedor

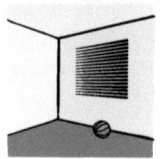

床
el piso

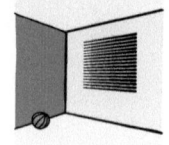

壁
la pared

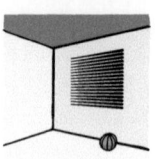

天井
el cielorraso

地下貯蔵庫
el sótano

サウナ
el sauna

バルコニー
el balcón

テラス
la terraza

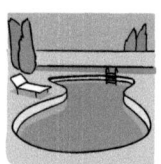

プール
la pileta

芝刈り機
la cortadora de pasto

シーツ
la sábana

ベッドカバー
el acolchado

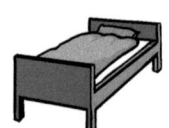

ベッド
la cama

ほうき
la escoba

バケツ
el balde

スイッチ
el interruptor

リビングルーム
el living

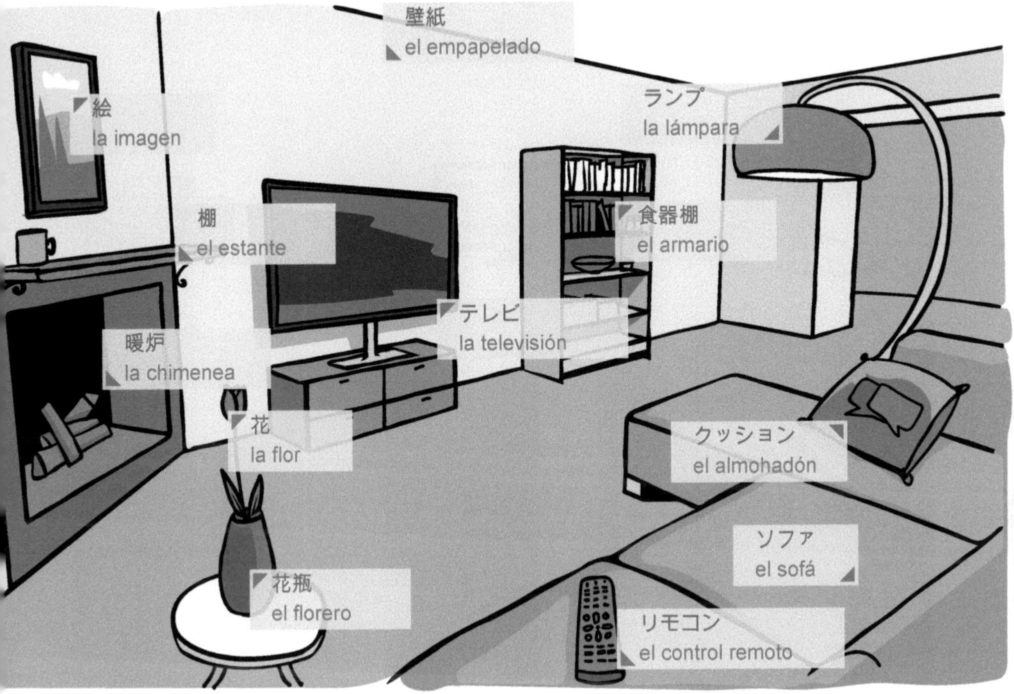

壁紙
el empapelado
絵
la imagen
ランプ
la lámpara
棚
el estante
食器棚
el armario
テレビ
la televisión
暖炉
la chimenea
花
la flor
クッション
el almohadón
ソファ
el sofá
花瓶
el florero
リモコン
el control remoto

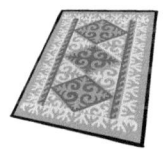

カーペット

la alfombra

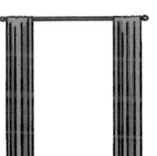

カーテン

la cortina

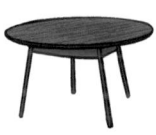

テーブル

la mesa

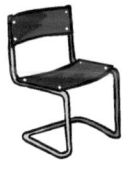

椅子

la silla

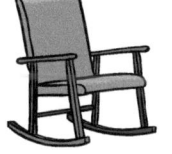

ロッキングチェア

la mecedora

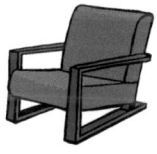

ひじ掛け椅子

el sillón

本
el libro

毛布
la frazada

飾り
la decoración

たきぎ
la leña

映画
la película

ステレオ
el equipo de música

鍵
la llave

新聞
el diario

絵画
la pintura

ポスター
el póster

ラジオ
la radio

メモ帳
el cuaderno

掃除機
la aspiradora

サボテン
el cactus

ろうそく
la vela

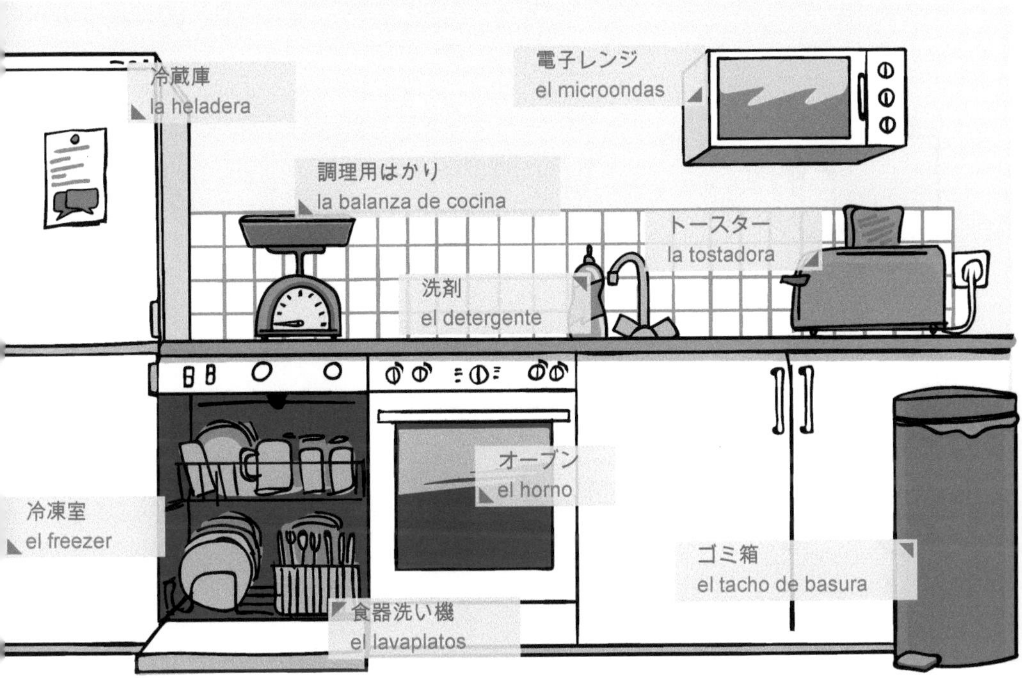

冷蔵庫
la heladera

電子レンジ
el microondas

調理用はかり
la balanza de cocina

トースター
la tostadora

洗剤
el detergente

オーブン
el horno

冷凍室
el freezer

ゴミ箱
el tacho de basura

食器洗い機
el lavaplatos

こんろ
la cocina

鍋
la olla

鉄鍋
la olla de hierro fundido

中華鍋 / カダイ鍋
el wok

フライパン
la sartén

やかん
la pava

蒸し器

la vaporera

天板

la bandeja de horno

食器

la vajilla

マグカップ

la taza

ボウル

el bol

箸

los palitos

おたま

el cucharón

へら

la espátula

泡立て器

la batidora

こし器

el colador

ふるい

el colador

すりおろし器

el rallador

すり鉢

el mortero

バーベキュー

la parrilla

かまど

la fogata

まな板

la tabla de picar

麺棒

el palo de amasar

栓抜き

el sacacorchos

缶

la lata

缶切り

el abrelatas

鍋つかみ

la manopla

流し

la pileta

ブラシ

el cepillo

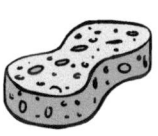

スポンジ

la esponja

ミキサー

la batidora

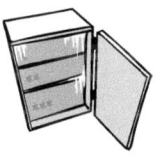

冷凍庫

el congelador

哺乳瓶

la mamadera

蛇口

la canilla

浴室

el baño

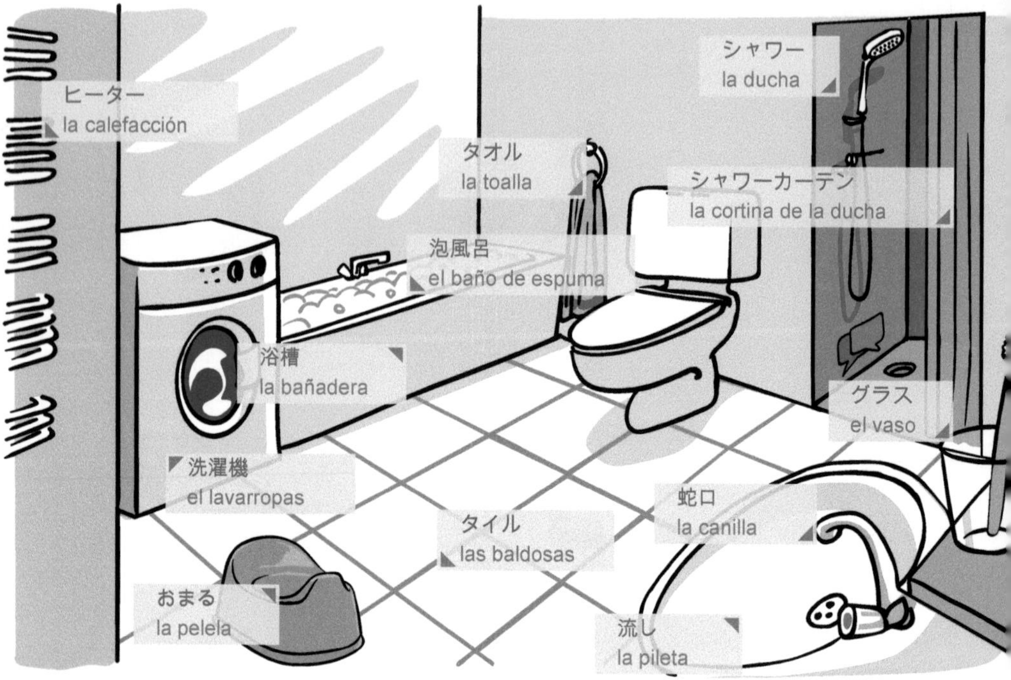

ヒーター
la calefacción

シャワー
la ducha

タオル
la toalla

シャワーカーテン
la cortina de la ducha

泡風呂
el baño de espuma

浴槽
la bañadera

グラス
el vaso

洗濯機
el lavarropas

蛇口
la canilla

タイル
las baldosas

おまる
la pelela

流し
la pileta

トイレ
el inodoro

和式トイレ
la letrina

ビデ
el bidé

小便器
el mingitorio

トイレットペーパー
el papel higiénico

トイレブラシ
el cepillo para el inodoro

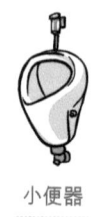

38

歯ブラシ

el cepillo de dientes

歯みがき

el dentífrico

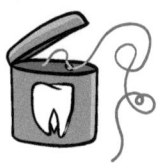

デンタルフロス

el hilo dental

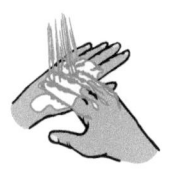

洗う

lavar

シャワーヘッド

la ducha de mano

ハンドビデ

la ducha higiénica

洗面台

la palangana

ボディブラシ

el cepillo para la espalda

石鹸

el jabón

シャワー用ジェル

el gel de ducha

シャンプー

el shampoo

浴用タオル

la toallita

排水口

el desagüe

クリーム

la crema

消臭

el desodorante

鏡

el espejo

手鏡

el espejito

かみそり

la maquinita de afeitar

シェービング・フォーム

la espuma de afeitar

アフターシェーブローショ

el aftershave

櫛

el peine

ブラシ

el cepillo

ドライヤー

el secador de pelo

ヘアスプレー

el spray

化粧

el maquillaje

口紅

el lápiz de labios

マニキュア

el esmalte para uñas

脱脂綿

el algodón

爪切り

la tijera para uñas

香水

el perfume

洗面用具入れ

el portacosméticos

スツール

la banqueta

体重計

la balanza

バスローブ

la bata

ゴム手袋

los guantes de goma

タンポン

el tampón

生理用ナプキン

la toallita femenina

ケミカルトイレ

el baño químico

子供部屋

el cuarto de los chicos

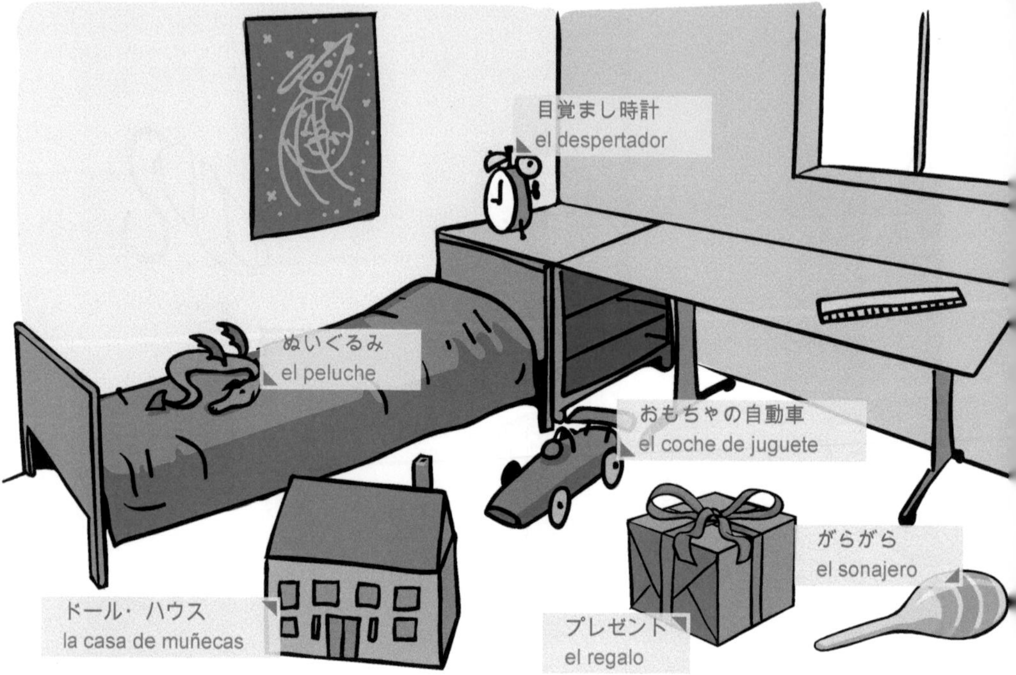

目覚まし時計
el despertador
ぬいぐるみ
el peluche
おもちゃの自動車
el coche de juguete
がらがら
el sonajero
ドール・ハウス
la casa de muñecas
プレゼント
el regalo

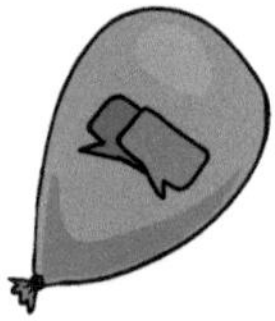

風船

el globo

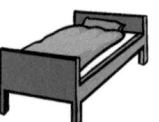

ベッド

la cama

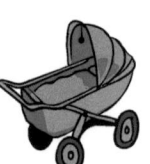

ベビーカー

el cochecito

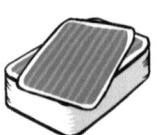

カードゲーム

las cartas

ジグソーパズル

el rompecabezas

SUPER MEGA

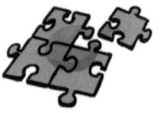

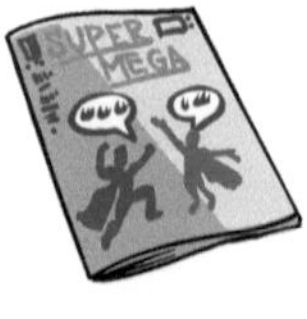

漫画

la historieta

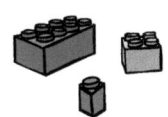

レゴ

las piezas de lego

玩具ブロック

los ladrillos de juguete

アクションフィギュア

la figura de acción

ロンパース

el enterito (de bebé)

フリスビー

el frisbee

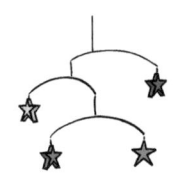

モバイル

el móvil para bebés

ボードゲーム

el juego de mesa

さいころ

los dados

鉄道模型

el tren eléctrico

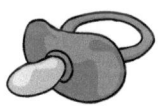

おしゃぶり

el chupete

パーティー

la fiesta

絵本

el libro de cuentos ilustrado

ボール

la pelota

人形

la muñeca

遊ぶ

jugar

砂場

el arenero

ブランコ

la hamaca

おもちゃ

los juguetes

ゲーム機

la consola de videojuegos

三輪車

el triciclo

テディベア

el osito de peluche

衣装ダンス

el armario

衣服

la ropa

靴下

las medias

ストッキング

las medias panty

タイツ

las calzas

スカーフ
la bufanda

ベルト
el cinturón

雨傘
el paraguas

Tシャツ
la remera

スニーカー
las zapatillas

ブーツ
las botas

スリッパ
las pantuflas

サンダル
las sandalias

靴
los zapatos

ゴム長靴
las botas de goma

パンツ
la ropa interior

ブラ
el corpiño

ベスト
el chaleco

ボディースーツ

el body

ズボン

los pantalones

ジーンズ

los jeans

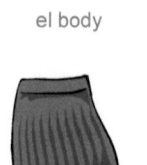

スカート

la pollera

ブラウス

la blusa

シャツ

la camisa

セーター

el pulóver

パーカー

el buzo

ブレザー

el blazer

ジャケット

la campera

コート

el tapado

レインコート

el piloto

服装

el traje

ドレス

el vestido

ウェディングドレス

el vestido de novia

スーツ
el traje

ナイトガウン
el camisón

パジャマ
el pijama

サリー
el sari

ヘッドスカーフ
el pañuelo para la cabeza

ターバン
el turbante

ブルカ
la burka

カフタン
el caftán

アバヤ
la abaya

水着
el traje de baño

トランクス
el short de baño

半ズボン
los shorts

スウェットスーツ
el jogging

エプロン
el delantal

手袋
los guantes

ボタン

el botón

メガネ

los anteojos

ブレスレット

la pulsera

ネックレス

el collar

指輪

el anillo

イヤリング

el aro

帽子

la gorra

ハンガー

la percha

帽子

el sombrero

ネクタイ

la corbata

ファスナー

el cierre

ヘルメット

el casco

サスペンダー

los tiradores

制服

el uniforme escolar

ユニフォーム

el uniforme

よだれかけ

el babero

おしゃぶり

el chupete

おむつ

el pañal

オフィス
la oficina

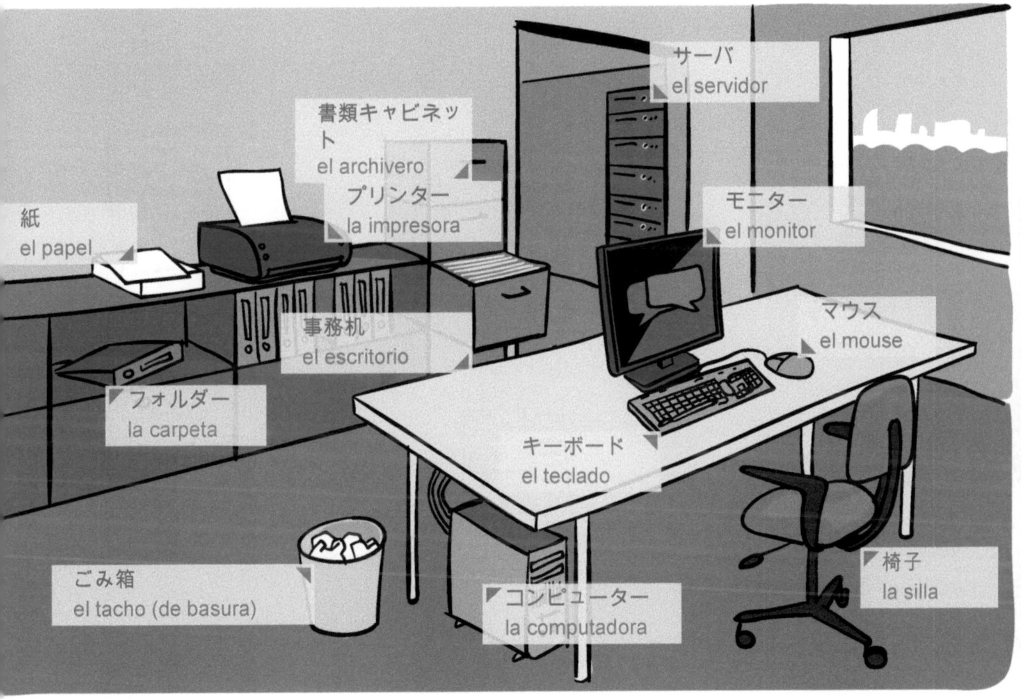

サーバ
el servidor

書類キャビネット
el archivero

プリンター
la impresora

紙
el papel

モニター
el monitor

マウス
el mouse

事務机
el escritorio

フォルダー
la carpeta

キーボード
el teclado

ごみ箱
el tacho (de basura)

コンピューター
la computadora

椅子
la silla

コーヒーマグ

la taza de café

計算機

la calculadora

インターネット

el internet

ラップトップ

la laptop

手紙

la carta

メッセージ

el mensaje

携帯電話

el celular

ネットワーク

la red

コピー機

la fotocopiadora

ソフトウェア

el software

電話

el teléfono

コンセント

el tomacorriente

ファックス

el fax

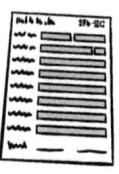

フォーム

el formulario

書類

el documento

買う

comprar

支払う

pagar

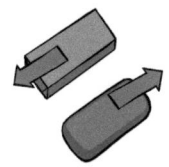

取引する

hacer negocios

お金

el dinero

ドル

el dólar

ユーロ

el euro

円

el yen

ルーブル

el rublo

スイスフラン

el franco suizo

人民元

el yuan

ルピー

la rupia

キャッシュポイント

el cajero automático

両替所

la casa de cambio

金

el oro

銀

la plata

油

el petróleo

エネルギー

la energía

価格

el precio

契約

el contrato

税金

el impuesto

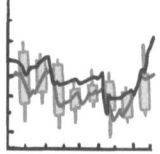

株

la acción

働く

trabajar

従業員

el empleado

雇用主

el empleador

工場

la fábrica

ショップ

el negocio

las ocupaciones

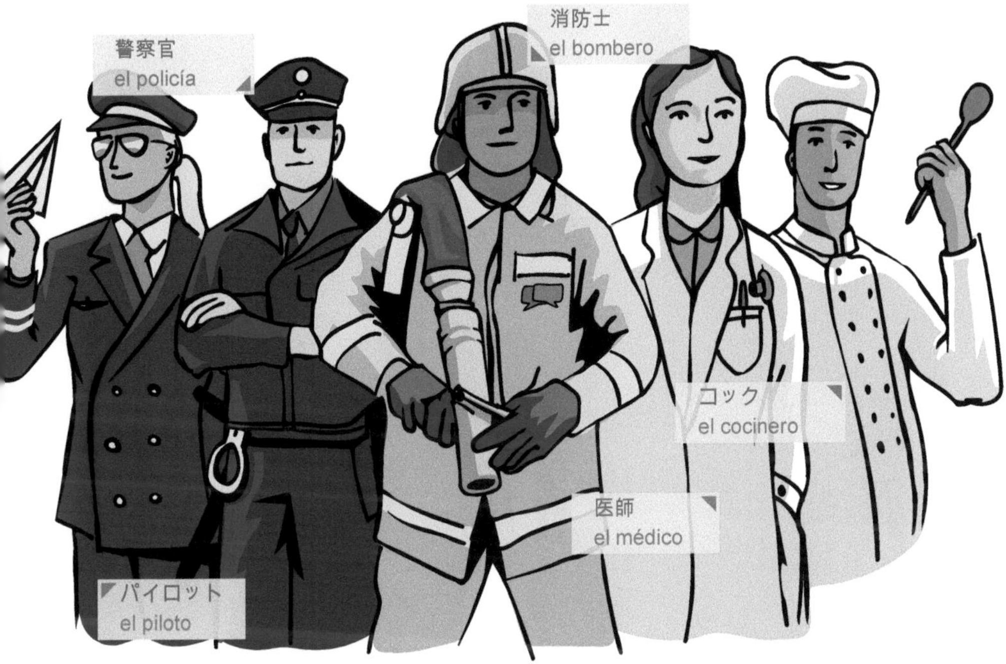
警察官
el policía
消防士
el bombero
コック
el cocinero
医師
el médico
パイロット
el piloto

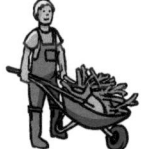

庭師

el jardinero

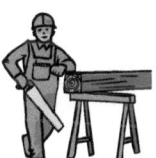

大工

el carpintero

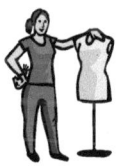

お針子

la modista

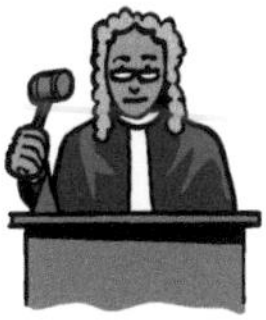

裁判官

el juez

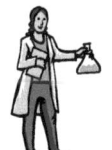

化学者

el farmacéutico

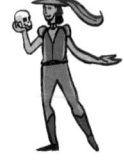

俳優

el actor

バスの運転手

el colectivero

タクシー運転手

el taxista

漁師

el pescador

掃除婦

la mucama

屋根ふき職人

el techista

ウェイター

el mozo

ハンター

el cazador

塗装工

el pintor

パン屋

el panadero

電気工

el electricista

建設作業員

el albañil

エンジニア

el ingeniero

肉屋

el carnicero

配管工

el plomero

郵便配達人

el cartero

軍人
el soldado

建築家
el arquitecto

レジ係
el cajero

花屋
el florista

美容師
el peluquero

車掌
el cobrador

機械工
el mecánico

キャプテン
el capitán

歯科医
el dentista

科学者
el científico

ラビ
el rabino

イスラム導師
el imán

修道士
el monje

牧師
el sacerdote

las herramientas

ハンマー
el martillo

くぎ抜き
la tenaza

ドライバー
el destornillador

スパナ
la llave

懐中電灯
la linterna

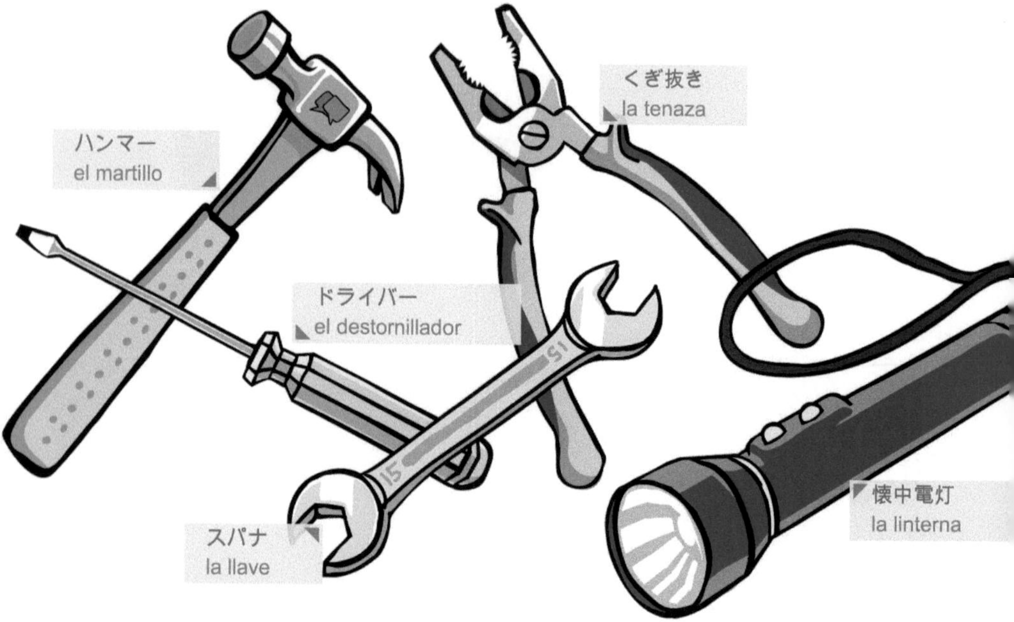

掘削機

la excavadora

道具箱

la caja de herramientas

はしご

la escalera portátil

のこぎり

la sierra

釘

los clavos

ドリル

el taladro

修理する
arreglar

シャベル
la pala de jardín

クソ！
¡Qué bronca!

ちりとり
la pala de plástico

ペンキ缶
el tacho de pintura

ネジ
los tornillos

楽器
los instrumentos musicales

打楽器
la batería

スピーカー
el parlante

ギター
la guitarra

コントラバス
el contrabajo

トランペット
la trompeta

ピアノ

el piano

バイオリン

el violín

バス

el bajo

ティンパニ

los timbales

ドラム

el tambor

キーボード

el teclado

サックス

el saxofón

フルート

la flauta

マイクロフォン

el micrófono

動物園

el zoológico

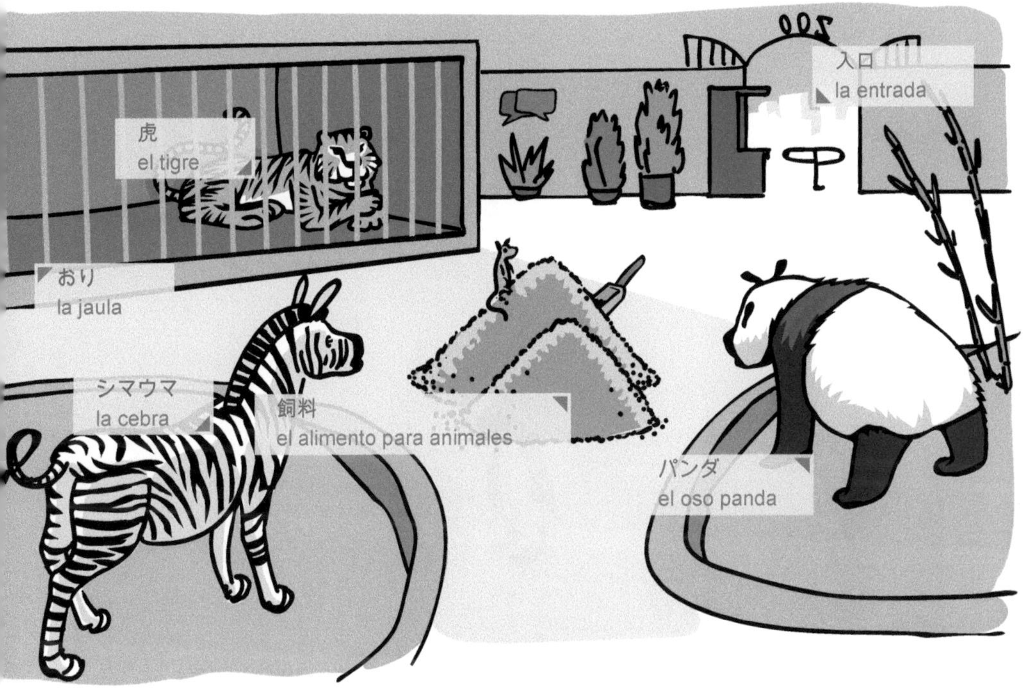

入口
la entrada
虎
el tigre
おり
la jaula
シマウマ
la cebra
飼料
el alimento para animales
パンダ
el oso panda

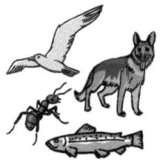

動物
los animales

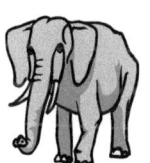

象
el elefante

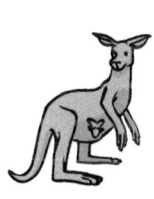

カンガルー
el canguro

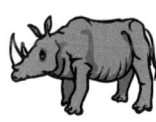

サイ
el rinoceronte

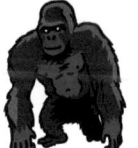

ゴリラ
el gorila

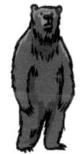

熊
el oso

ラクダ

el camello

ダチョウ

el avestruz

ライオン

el león

猿

el mono

フラミンゴ

el flamenco

オウム

el loro

白クマ

el oso polar

ペンギン

el pingüino

サメ

el tiburón

クジャク

el pavo real

蛇

la serpiente

ワニ

el cocodrilo

飼育係

el cuidador del zoológico

アザラシ

la foca

ジャガー

el jaguar

ポニー

el poni

ヒョウ

el leopardo

カバ

el hipopótamo

キリン

la jirafa

鷲

el águila

雄豚

el jabalí

魚

el pescado

亀

la tortuga

セイウチ

la morsa

狐

el zorro

ガゼル

la gacela

アメフト
el fútbol americano

サイクリング
el ciclismo

テニス
el tenis

バスケットボール
el básquet

水泳
la natación

ボクシング
el boxeo

アイスホッケー
el hockey sobre hielo

サッカー
el fútbol

バドミントン
el bádminton

陸上競技
el atletismo

ハンドボール
el handball

スキー
el esquí

ポロ
el polo

活動
las actividades

跳ぶ
saltar
抱きしめる
abrazar
笑う
reír
歩く
caminar
歌う
cantar
夢見る
soñar
祈る
rezar
キス
besar

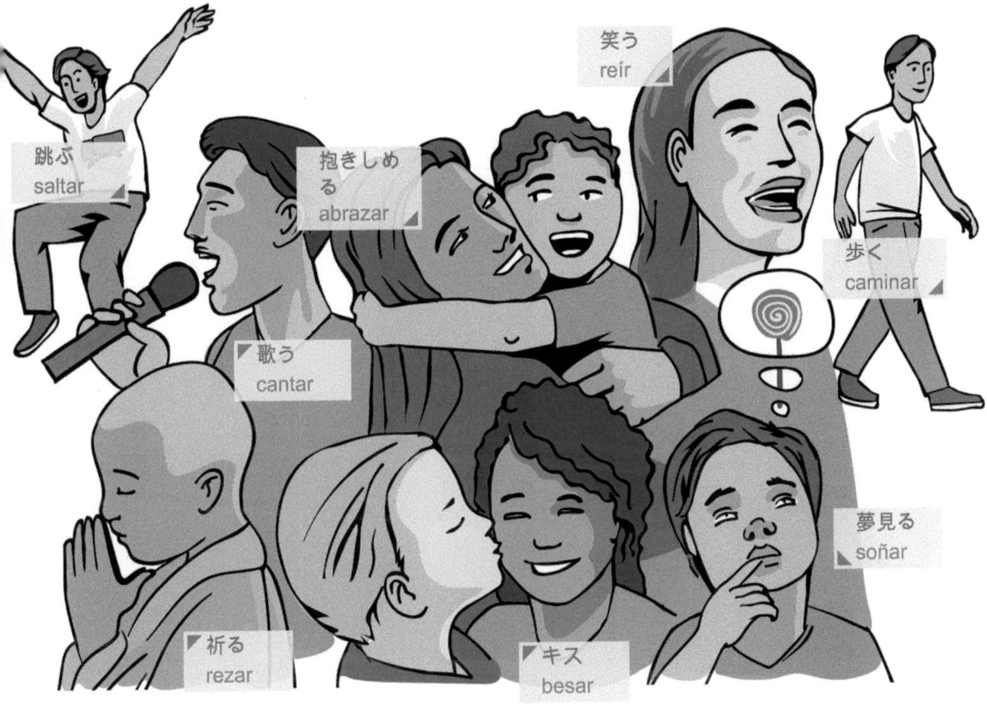

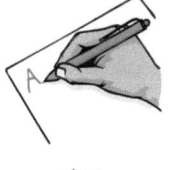

書く

escribir

描く

dibujar

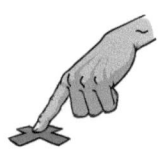

示す

mostrar

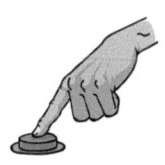

押す

presionar

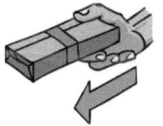

与える

dar

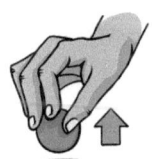

取る

tomar

持っている

tener

する

hacer

ある

ser

立つ

estar parado

走る

correr

引く

tirar

投げる

tirar

落ちる

caer

横たわっている

estar acostado

待つ

esperar

運ぶ

llevar

座る

estar sentado

着る

vestirse

眠る

dormir

目が覚める

despertar

見る

mirar

泣く

llorar

なでる

acariciar

櫛ですく

peinar

話す

hablar

理解する

entender

質問する

preguntar

聞く

escuchar

飲む

beber

食べる

comer

片づける

ordenar

愛する

amar

料理する

cocinar

運転する

manejar

飛ぶ

volar

ヨットに乗る

navegar

計算する

calcular

読む

leer

学ぶ

aprender

働く

trabajar

結婚する

casarse

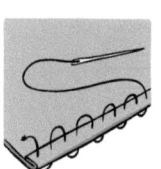

縫う

coser

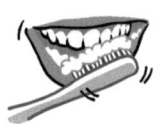

歯を磨く

cepillarse los dientes

殺す

matar

喫煙する

fumar

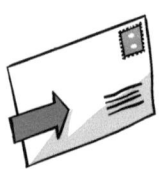

送る

enviar

祖母
la abuela

祖父
el abuelo

父
el padre

母
la madre

赤ん坊
el bebé

娘
la hija

息子
el hijo

お客様

el invitado

おば

la tía

おじ

el tío

兄弟

el hermano

姉妹

la hermana

体

el cuerpo

ひたい
la frente
目
el ojo
肩
el hombro
指
el dedo
顔
la cara
あご
la pera
手
la mano
脚
la pierna
胸
el pecho
腕
el brazo

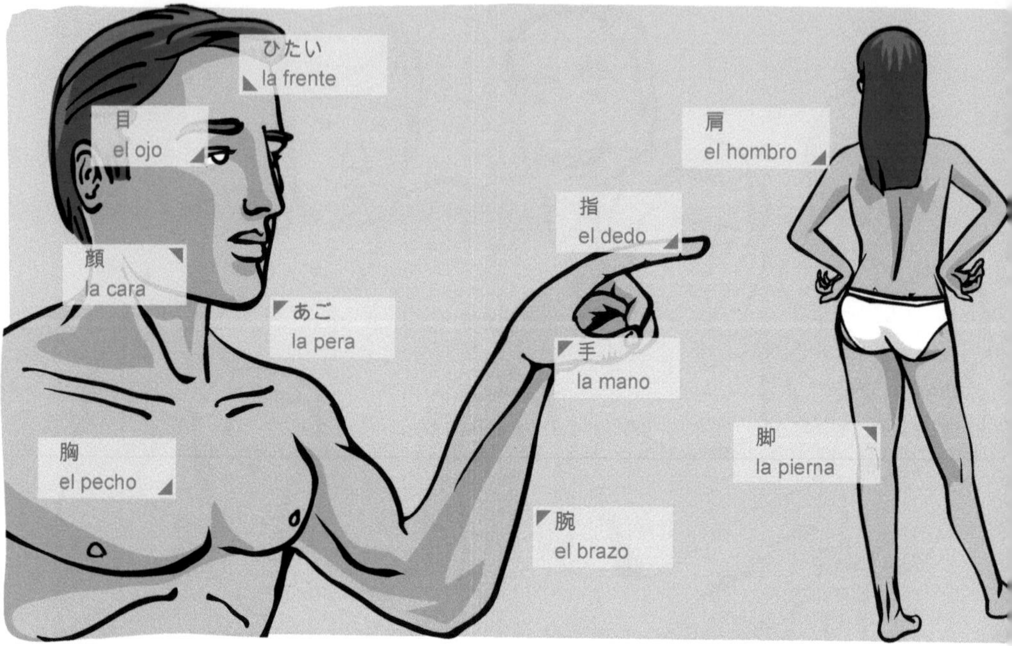

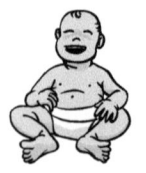

赤ん坊
el bebé

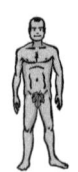

男性
el hombre

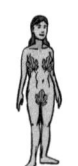

女性
la mujer

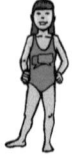

少女
la nena

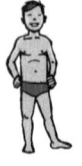

少年
el nene

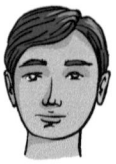

頭
la cabeza

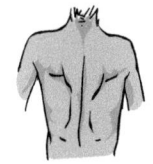

背中

la espalda

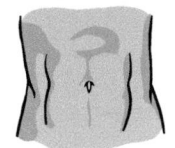

腹

la panza

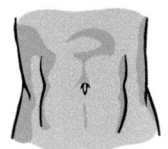

へそ

el ombligo

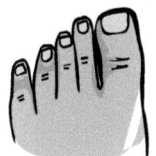

足指

el dedo del pie

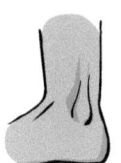

かかと

el talón

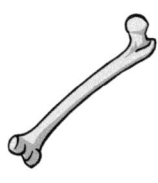

骨

el hueso

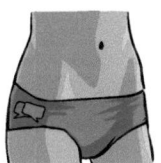

腰

la cadera

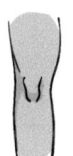

ひざ

la rodilla

ひじ

el codo

鼻

la nariz

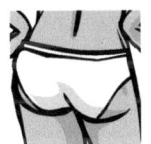

尻

la cola

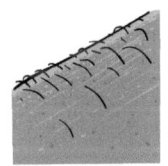

皮膚

la piel

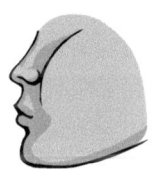

頬

el cachete

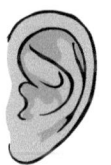

耳

la oreja

唇

el labio

体 - el cuerpo

口
la boca

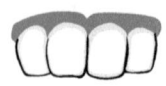

歯
el diente

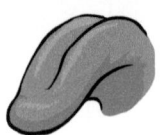

舌
la lengua

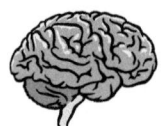

脳
el cerebro

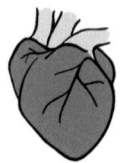

心臓
el corazón

筋肉
el músculo

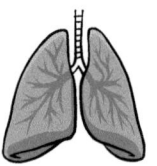

肺
el pulmón

肝臓
el hígado

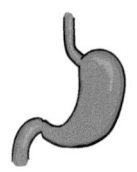

胃
el estómago

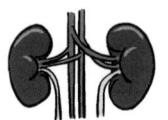

腎臓
los riñones

セックス
el sexo

コンドーム
el preservativo

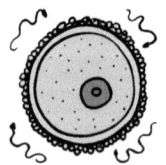

卵細胞
el óvulo

精液
el semen

妊娠
el embarazo

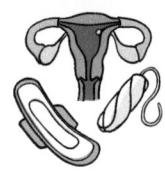

月経

la menstruación

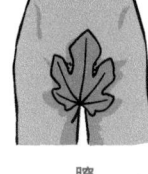

膣

la vagina

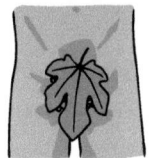

ペニス

el pene

眉

la ceja

髪

el pelo

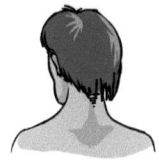

首

el cuello

病院

el hospital

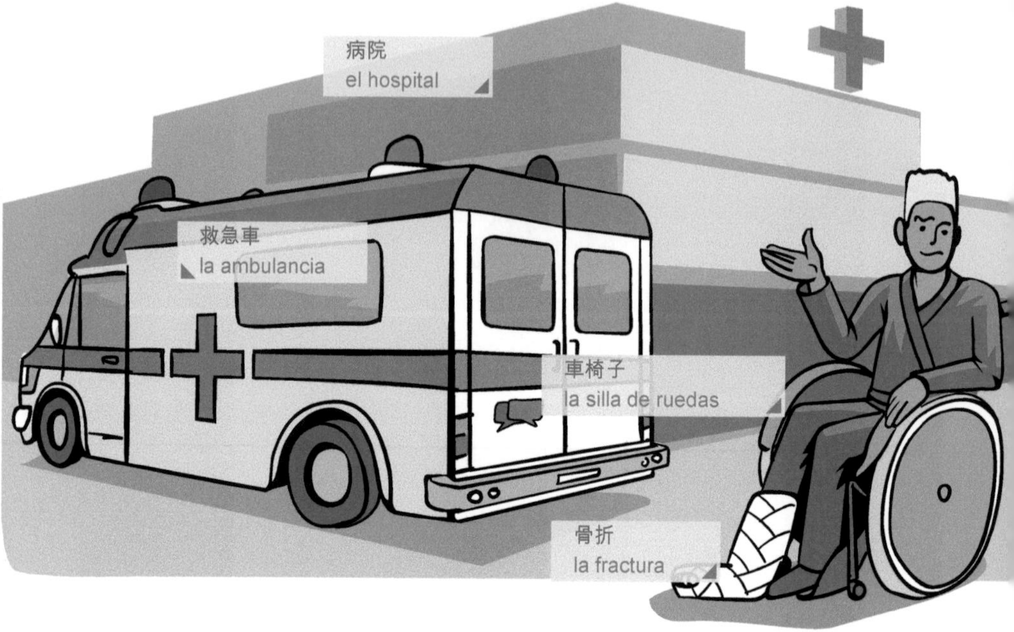

病院
el hospital
救急車
la ambulancia
車椅子
la silla de ruedas
骨折
la fractura

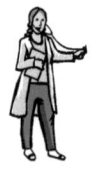

医師

el médico

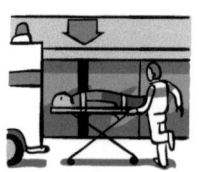

救急治療室

la sala de guardia

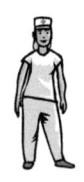

看護師

la enfermera

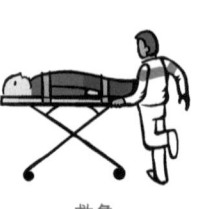

救急

la emergencia

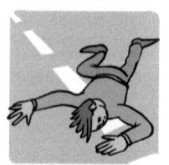

失神

inconsciente

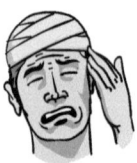

痛み

el dolor

けが

la lesión

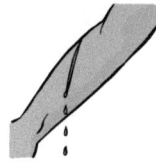

出血

la hemorragia

心臓発作

el infarto

脳卒中

el ACV

アレルギー

la alergia

咳

la tos

熱

la fiebre

インフルエンザ

la gripe

下痢

la diarrea

頭痛

el dolor de cabeza

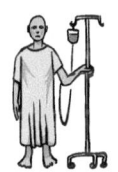

癌

el cáncer

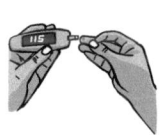

糖尿病

la diabetes

外科医

el cirujano

外科用メス

el bisturí

手術

la operación

CT

la TC

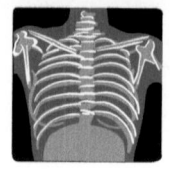

レントゲン

los rayos x

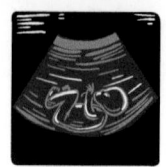

超音波

la ecografía

マスク

el barbijo

病気

la enfermedad

待合室

la sala de espera

松葉づえ

la muleta

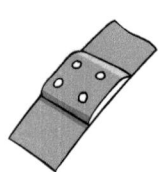

ばんそうこう

la curita

包帯

la venda

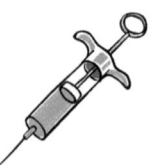

注射

la inyección

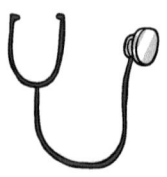

聴診器

el estetoscopio

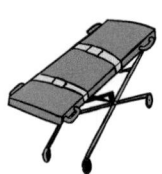

担架

la camilla

体温計

el termómetro

出産

el nacimiento

肥満

el sobrepeso

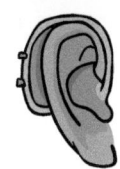

補聴器
el audífono

消毒剤
el desinfectante

感染
la infección

ウイルス
el virus

HIV / エイズ
el VIH / SIDA

内服薬
el remedio

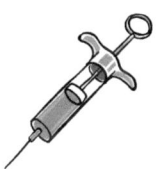

予防接種
la vacunación

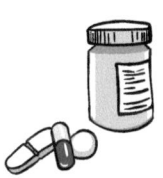

錠剤
los comprimidos

ピル
la pastilla anticonceptiva

緊急電話
la llamada de emergencia

血圧計
el tensiómetro

病気の / 健康な
enfermo / sano

助けて！

¡Ayuda!

アラーム

la alarma

暴行

la agresión

攻撃

el ataque

危険

el peligro

非常口

la salida de emergencia

火事だ！

¡Fuego!

消火器

el matafuego

事故

el accidente

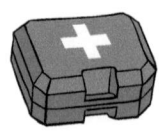

救急箱

el botiquín de primeros
auxilios

SOS

el SOS

警察

la policía

ヨーロッパ
Europa

北米
América del Norte

南米
América del Sur

アフリカ
África

アジア
Asia

オーストラリア
Australia

大西洋
el Atlántico

太平洋
el Pacífico

インド洋
el Océano Índico

南極海
el Océano Antártico

北極海
el Océano Ártico

北極
el polo norte

南極
el polo sur

南極大陸
la Antártida

地球
la Tierra

陸
la tierra

海
el mar

島
la isla

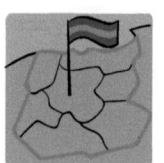

国家
la nación

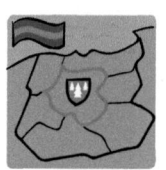

国家
el estado

文字盤
la esfera

短針
la manecilla de las horas

長針
el minutero

秒針
el segundero

何時ですか？
¿Qué hora es?

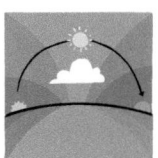

日
el día

時間
la hora

現在
ahora

デジタル時計
el reloj digital

分
el minuto

時間
la hora

la semana

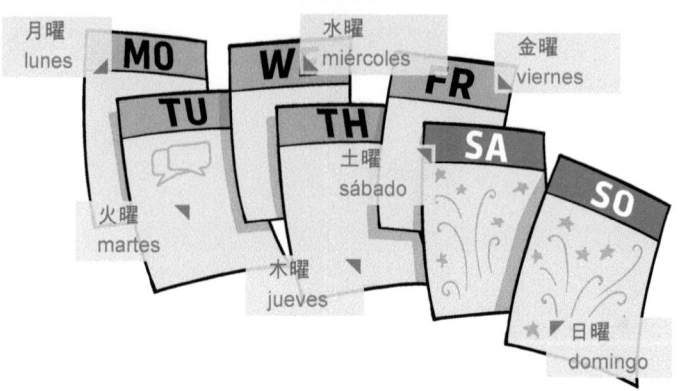

月曜 lunes
水曜 miércoles
金曜 viernes
火曜 martes
木曜 jueves
土曜 sábado
日曜 domingo

昨日

ayer

今日

hoy

明日

mañana

朝

la mañana

昼

el mediodía

夜

la tarde

MO	TU	WE	TH	FR	SA	SU
1	2	3	4	5	6	7
8	9	10	11	12	13	14
15	16	17	18	19	20	21
22	23	24	25	26	27	28
29	30	31	1	2	3	4

営業日

los días hábiles

MO	TU	WE	TH	FR	SA	SU
1	2	3	4	5	6	7
8	9	10	11	12	13	14
15	16	17	18	19	20	21
22	23	24	25	26	27	28
29	30	31	1	2	3	4

週末

el fin de semana

年

el año

雨
la lluvia
虹
el arco iris
雪
la nieve
風
el viento
春
la primavera
秋
el otoño
夏
el verano
冬
el invierno

4.APRIL 11°
5.APRIL 4°
6.APRIL 13°
7.APRIL 8°
8.APRIL 10°

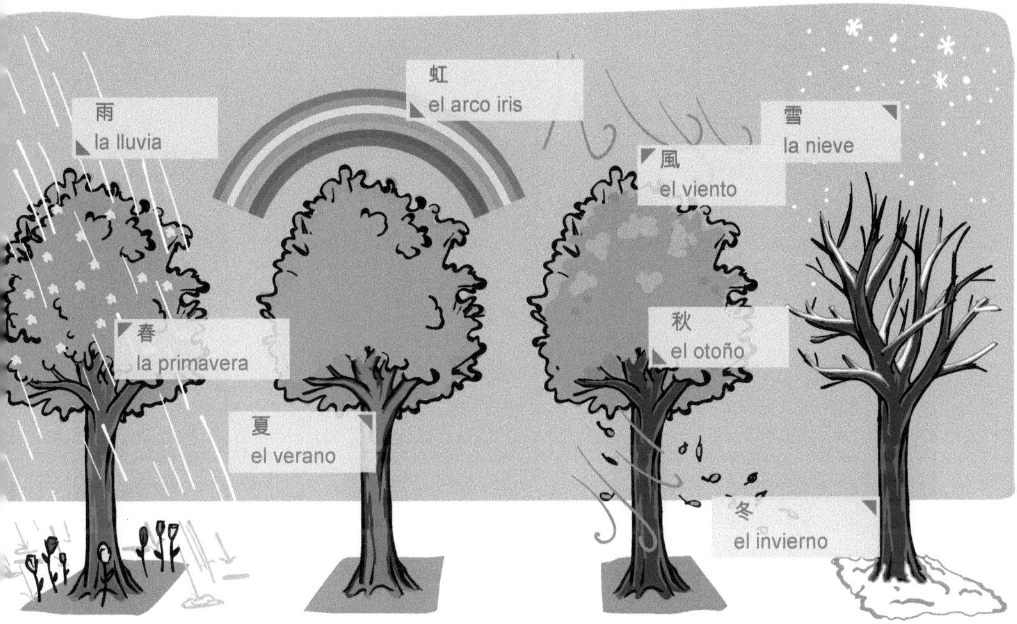

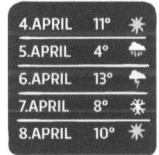

天気予報

pronóstico meteorológico

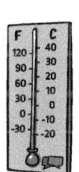

F
C
120
90
60
30
0
-30
40
30
20
10
0
-10
-20

温度計

el termómetro

日差し

la luz del sol

雲

la nube

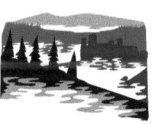

霧

la niebla

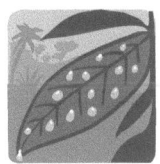

湿度

la humedad

雷

el rayo

雷

el trueno

嵐

la tormenta

ひょう

el granizo

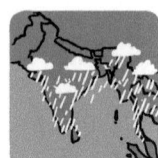

季節風

el monzón

洪水

la inundación

氷

el hielo

1月

enero

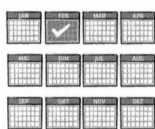

2月

febrero

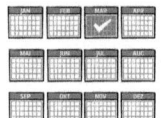

3月

marzo

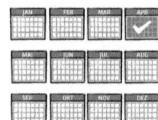

4月

abril

5月

mayo

6月

junio

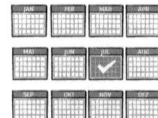

7月

julio

8月

agosto

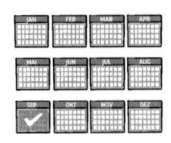

9月
....
septiembre

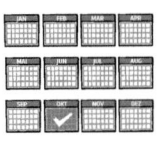

10月
....
octubre

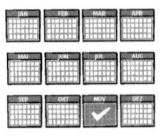

11月
....
noviembre

12月
....
diciembre

形

las formas

円
....
el círculo

正方形
....
el cuadrado

長方形
....
el rectángulo

三角
....
el triángulo

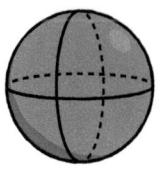

球
....
la esfera

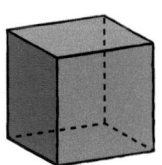

立方体
....
el cubo

白

blanco

黄

amarillo

オレンジ

naranja

ピンク

rosa

赤

rojo

紫

violeta

青

azul

緑

verde

茶

marrón

灰色

gris

黒

negro

多い ／ 少ない

mucho / poco

怒っている／
落ち着いている
enojado / tranquilo

美しい ／ 醜い

lindo / feo

初め ／ 終わり

el principio / el fin

大きい ／ 小さい

grande / chico

明るい ／ 暗い

claro / oscuro

兄弟 ／ 姉妹

el hermano / la hermana

清潔な ／ 汚い

limpio / sucio

完全な ／ 不完全な

completo / incompleto

日中 ／ 夜

el día / la noche

死んだ ／ 生きている

muerto / vivo

幅広い ／ 狭い

ancho / angosto

食べられる ／
食べられない
comestible / no comestible

悪意のある ／ 親切な
malo / amable

興奮している ／
退屈じている
entusiasmado / aburrido

太った ／ 痩せた
gordo / flaco

最初に ／ 最後に
primero / último

友人 ／ 敵
el amigo / el enemigo

いっぱいの ／ 空の
lleno / vacío

硬い ／ 柔らかい
duro / blando

重い ／ 軽い
pesado / liviano

空腹 ／ 喉の渇き
el hambre / la sed

病気の ／ 健康な
enfermo / sano

違法な ／ 合法な
ilegal / legal

賢い ／ 愚かな
inteligente / estúpido

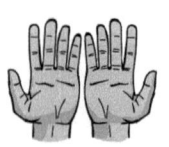

左に ／ 右に
izquierda / derecha

近い ／ 遠い
cerca / lejos

新しい / 中古の

nuevo / usado

何もない / 何かある

nada / algo

老いた / 若い

viejo / joven

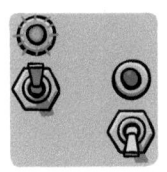

オン / オフ

encendido / apagado

開いている /
閉まっている

abierto / cerrado

静かな / うるさい

silencioso / ruidoso

裕福な / 貧乏な

rico / pobre

正しい / 間違っている

correcto / incorrecto

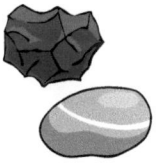

粗い / なめらか

áspero / suave

悲しい / 幸せな

triste / contento

短い / 長い

corto / largo

ゆっくり / 速い

lento / rápido

濡れた / 乾いた

mojado / seco

温かい / 冷たい

caliente / frío

戦争 / 平和

guerra / paz

反対 - los opuestos

0

ゼロ

cero

1

1

uno

2

2

dos

3

3

tres

4

4

cuatro

5

5

cinco

6

6

seis

7

7

siete

8

8

ocho

9

9

nueve

10

10

diez

11

11

once

12

12

doce

13

13

trece

14

14

catorce

15

15

quince

16

16

dieciséis

17

17

diecisiete

18

18

dieciocho

19

19

diecinueve

20

20

veinte

100

100

cien

1.000

1000

mil

1.000.000

100万

el millón

英語

el inglés

アメリカ英語

el inglés americano

中国標準語

el chino mandarín

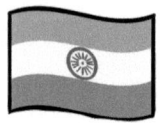

ヒンディー語

el hindi

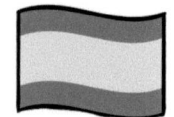

スペイン語

el español

フランス語

el francés

アラビア語

el árabe

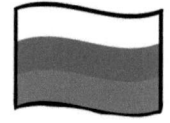

ロシア語

el ruso

ポルトガル語

el portugués

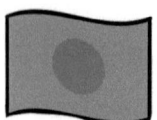

ベンガル語

el bengalí

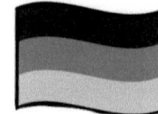

ドイツ語

el alemán

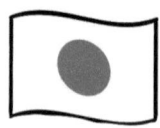

日本語

el japonés

私

yo

あなた

vos

彼 / 彼女 / それ

él / ella

私たち

nosotros

あなたたち

ustedes

彼ら

ellos

誰？

¿quién?

何？

¿qué?

どうやって？

¿cómo?

どこ？

¿dónde?

いつ？

¿cuándo?

名前

el nombre

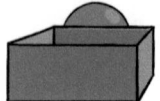

後ろ

detrás

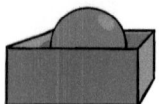

中

en

前

adelante de

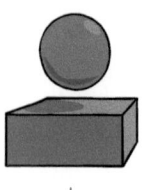

上

por encima de

上

sobre

下

debajo de

横

al lado de

間

entre

場所

el lugar